L'INTERDICTION DES
VIOLENCES CONJUGALES EN ISLAM

L'INTERDICTION DES VIOLENCES CONJUGALES EN ISLAM

Une Fatwa édictée par
Cheikh Mouhammad Hicham Kabbani
et Dr. Homayra Ziad

Traduit par Aminata Sy

Edition
World Organization for Resource Development and Education
www.worde.org

© Droit d'auteur 2013 par World Organization for Resource Development and Education

Mis ensemble et imprimé aux États-Unis d'Amérique. Tous droits réservés. Aucune partie de ce livre ne peut être reproduite ou utilisée sous aucunes formes ou par quelque procédé que se soit, électronique ou mécanique y compris des photocopies et des rapports ou par aucun moyen de mise en mémoire d'information et de système de récupération sans la permission écrite de l'auteur à l'exception d'un commentateur qui pourrait citer brièvement des brefs passage dans une revue.

Publié et Distribué par:
World Organization for Resource Development and Education (WORDE)
1875 I Street NW, Suite 500
Washington, DC 20006
Tel: (202) 595-1355
Fax: (202) 318-2582
Email: staff@worde.org
Web: www.worde.org

Première édition: Avril 2013
L'INTERDICTION DES VIOLENCES CONJUGALES EN ISLAM
ISBN: 978-1-938058-08-0

Library of Congress Cataloging-in-Publication Data

Kabbani, Muhammad Hisham.
 The prohibition of domestic violence in Islam / a fatwa Issued by Shaykh M. Hisham Kabbani and Dr. Homayra Ziad.
   p. cm.
 Includes bibliographical references.
 ISBN 978-1-938058-08-0 (alk. paper)
 1. Family violence (Islamic law) 2. Women (Islamic law) 3. Women--Violence against. 4. Fatwas. I. Ziad, Homayra. II. Title.
 KBP4187.K33 2011
 297.5'63--dc23
                    2011027306

PRINTED IN THE UNITED STATES OF AMERICA
15 14 13 12 11   05 06 07 08 09

Table des matières

A Propos de l'éditeur i
A Propos des auteurs iii
    Cheikh Mouhammad Hisham Kabbani iii
    Dr. Homayra Ziad v
Note de l'éditeur vii
Introduction 1
    Le Coran et les Hadiths : fontaines d'instruction 2
    Notre approche 4
Interpréter le Saint-Coran 5
    Le contexte socio-historique de la révélation 5
    Le verset 4:34 et le cadre élargi de l'humanisme coranique 8
Une exploration linguistique du mot « Daraba » 13
    Interpréter le Coran par le Coran 13
    Dix acceptions coraniques du terme « *daraba* » 15
    Autres interprétations 17
L'exemplarité du Prophète Mouhammad 21
    La grande considération du Prophète Mouhammad pour les femmes 21
Conclusion 27
Appendice: versets où le verbe « *daraba* » est utilisé 29
Glossaire des termes islamiques 39

A Propos de l'éditeur

L'Organisation mondiale pour l'éducation et le développement des Ressources (WORDE) est une organisation éducationnelle à but non lucratif dont la mission est de promouvoir la communication et la compréhension entre les communautés musulmanes et non-musulmanes et d'apporter son soutien aux institutions musulmanes qui cherchent à endiguer les conflits sociaux et politiques.

WORDE influence la politique publique en invitant à une meilleure compréhension des idéologies islamiques qui promeuvent le pluralisme et le service à l'humanité, et en exposant les racines de l'extrémisme qui aliènent la coexistence des sociétés diversifiées dans le monde.

WORDE est constituée d'experts universitaires, de théologiens, de spécialistes en développement et d'analystes politiques qui proposent des solutions efficaces à long terme, dans les domaines clés de la réforme éducative, le développement des ressources et la sécurité internationale. Nombre de ces experts conseillent diverses agences du gouvernement américain ainsi que des organisations internationales et certains gouvernements à l'étranger.

ಸಂ ಇಲ

A Propos des auteurs

Cheikh Mouhammad Hisham Kabbani

Cheikh Kabbani est un savant reconnu dans le domaine de la Loi islamique traditionnelle ainsi que dans la Science spirituelle Soufie. Il est issu d'une famille respectée de savants islamiques traditionnels, constituée notamment du fondateur de l'Association des savants musulmans du Liban et du grand mufti actuel au Liban (la plus haute autorité religieuse islamique). Ces trois décennies, il a promu les principes islamiques de paix, d'amour, de compassion et de cohésion sociale, tout en s'opposant rigoureusement à toute forme d'extrémisme. En tant que représentant en chef de l'Ordre Soufi Naqshbandi Haqqani, il est autorisé à émettre des édits religieux, et à conseiller les étudiants de ce mouvement, lesquels selon un rapport récent, se comptent par millions.

Depuis le début des années 90, Cheikh Kabbani concourt de façon capitale, auprès des sociétés non-musulmanes, à mieux appréhender les différences entre la majorité des musulmans qui est modérée et la minorité des sectes extrémistes.

En 2010, le cheikh a reçu son Altesse le Prince de Galles après avoir présidé à deux colloques internationaux aux Etats-Unis ainsi qu'à plusieurs conférences régionales à travers le monde. Il est sollicité pour son expertise par des journalistes, académiciens, responsables politiques et chefs communautaires ainsi que par des sympathisants qui recherchent auprès de lui conseil et soutien.

Aux Etats-Unis, Cheikh Kabbani officie en tant que Président de l'Islamic Supreme Council of America. Il est par ailleurs fondateur du Naqshbandi Sufi Order of America, conseiller auprès du World Organization for Resource Development and Education et Président d'As-Sunnah Foundation of America.

Au Royaume-Uni, Cheikh Kabbani est le fondateur du Center for Spiritual and Cultural Advancement et fut également à la tête des experts intervenant au sein du Sufi Muslim Council, une ONG à but non lucratif consultée par le gouvernement britannique sur la politique publique, en rapport aux questions sociales et religieuses.

Cheikh Kabbani a écrit un certain nombre d'ouvrages sur la spiritualité islamique. Il est reconnu des cercles politiques et a publié des articles critiques sur la situation actuelle de l'Islam dans le monde et la primauté des principes démocratiques dans la religion islamique.

☙ ❧

Dr. Homayra Ziad

Dr. Ziad est Professeur adjointe de religion au *Trinity College* où elle enseigne les études islamiques. Dans ses recherches, elle s'intéresse particulièrement aux tendances intellectuelles et culturelles chez les musulmans en Asie du sud, aux théories et pratiques soufies, aux théologies pluralistes et à l'herméneutique coranique.

Elle est titulaire d'un doctorat en études islamiques et d'un M.A. en relations internationales de l'Université de Yale et a aussi obtenu un B.A. en économie du *Bryn Mawr College*. Elle a publié plusieurs travaux sur le revitalisme Naqshbandi au dix-huitième siècle chez le poète et théologien de Delhi Khwajah Mir Dard, la littérature Urdu et le *qawwali*, les femmes et l'Islam, l'aumônerie et le Raisonnement scriptural, l'engagement interreligieux et la théologie de la libération musulmane. Elle est membre du comité de pilotage de l'Islam au sein de l'*American Academy of Religion*.

Dr. Ziad a occupé la fonction d'Associé au Bureau de l'Aumônier à Yale et celle de rédactrice du magazine trimestriel, *Chowrangi*, consacré à la diffusion des voix pakistanaises et pakistano-américaines progressistes. Elle est aussi une référence sur les sujets relatifs à l'Islam pour des médias comme *Voice of America, BBC Radio Asian Network, The Boston Globe, India New England et Jane Magazine*. En outre, elle est également une intervenante reconnue du fameux site web *eShaykh.com*.

Enfin, Dr. Ziad a organisé et participé à des initiatives interreligieuses, ainsi qu'à des programmes d'activités éducatives sur la foi. Dans le même domaine, elle est impliquée dans la pratique du Raisonnement Scriptural et fait partie du *Board of Advisors of the Scriptural Reasoning Society*. Elle travaille aussi sur le dialogue interreligieux entre juifs et musulmans avec le *Reconstructionist Rabbinical College* de Philadelphie, en Pennsylvanie, et le *Hebrew College* à Newton Centre dans le Massachusetts.

Note de l'éditeur

Ce livret est destiné à celles et ceux qui cherchent à comprendre les aspects religieux et historiques de la violence domestique au sein des communautés musulmanes. Là où les textes en langue arabe se révèlent déterminants dans ce débat, nous avons également inclus leurs traductions en langue française ainsi que des citations textuelles. Les lecteurs familiers avec l'arabe et les enseignements islamiques peuvent consulter les différentes sources citées ultérieurement pour davantage de précision.

Les traductions de l'arabe en français imposent des défis particuliers que nous avons tenté de rendre le plus clair possible pour un lectorat occidental. Les citations issues du Saint-Coran et des Traditions Sacrées du Prophète Muhammad (āhadith), sont mises en exergue et référencées. De même, lorsqu'un pronom spécifique tel que « il » ou « lui » est utilisé, il s'applique au sens général, c'est-à-dire sans discrimination de genre car aux femmes, le Tout-Puissant a aussi accordé un grand honneur.

Avant tout, il est capital de comprendre que les enseignements islamiques sont d'abord basés sur quatre sources et dans l'ordre qui suit:

- **Le Saint-Coran :** le livre saint de la révélation divine (la Parole de Dieu) qui fut accordé au Prophète Mouhammad ﷺ. La référence au Saint-Coran est « 4:12 », soit « Chapitre 4, Verset 12 ».
- **La Sounna :** les saintes traditions du Prophète Mouhammad ﷺ, incluant la transcription systématique de ses paroles et de ses actes qui font le hadith. Quinze siècles durant, l'Islam a appliqué une norme stricte et hautement technique dans la classification de chacun des récits, identifiant ainsi leur authenticité et permettant la catégorisation des chaînes de « transmission » du hadith. Etant donné que cet ouvrage n'est pas de nature très technique, nous avons simplifié le processus de ces chaînes, en présentant seulement le narrateur « final » et la source des textes pour soutenir le débat.
- **L'Ijmaʿ:** l'adhésion ou l'acceptation, par les experts du « raisonnement libre », aux conclusions d'un jugement donné se rapportant à ce qui est permis ou à ce qui est au contraire interdit, après le décès du Prophète, paix sur lui ; ainsi que l'acceptation, par la communauté des musulmans, de ce qui est obligatoirement et communément admis en matière de religion, et ses preuves

pertinentes et irréfutables. Une affirmation claire de ce principe serait « Nous ne nous séparons pas (dans la croyance et dans la pratique) du groupe majoritaire chez les musulmans ».

- **Les Décisions juridiques:** les grands savants de l'Islam, extrêmement bien formés, établissent des décisions légales « fatawa » à partir de leur interprétation du Saint-Coran et de la Sounna, un travail connu sous le nom d'ijtihad. De telles décisions visent à donner un contexte islamique aux Musulmans, au regard des normes sociales contemporaines. D'un point de vue théologique, les savants qui émettent ces positions légales ont consacré un nombre conséquent d'années pour une formation rigoureuse et possèdent des diplômes assimilables à un doctorat dans le « domaine du divin » et dans la connaissance islamique ; d'un point de vue légal, ils ont un statut qui s'apparenterait à celui de juge d'une cour suprême, voire à un statut plus élevé encore.

Veuillez noter que la salutation universellement reconnue « sallallāhou 'alayhi wa sallam » signifiant « Que les bénédictions et le salut de Dieu soient sur lui » est habituellement récitée après le saint nom du Prophète Mouhammad et est représentée dans le texte par « ﷺ ». Bien que le caractère fréquent de cette occurrence puisse paraître fastidieux, celle-ci est vivement appréciée par les lecteurs musulmans.

Introduction

> « Les musulmans ont-ils le droit de battre leurs épouses ? »

Cette question n'est pas inattendue ; après tout, l'Islam et la violence forment un duo volcanique dans le débat public occidental. Par contre, ce que nous trouvons surprenant est la fréquence à laquelle ladite question est posée par un musulman. Nombreux sont en effet les musulmans, occidentaux et non-occidentaux, qui se sentent trahis par leurs érudits religieux et autres intellectuels qui persistent à établir des édits dogmatiques et simplistes en réponse à des problématiques complexes. Il est clair qu'une décision juridique islamique sur un sujet aussi controversé doit être en accord avec la raison ordinaire, tout en tenant compte de l'évolution des valeurs dans la civilisation globale actuelle.

Dans la conduite des affaires familiales, la jurisprudence islamique promeut les valeurs de miséricorde, compassion et amour. Aujourd'hui, les extrémistes sont déterminés à combiner leurs forces afin de saper ces valeurs. Ainsi, certains savants contemporains ont décrété des décisions juridiques jugeant la violence conjugale comme pratique acceptable et ce, à partir d'une interprétation très étroite d'un verset spécifique du Coran qui permet ostensiblement qu'une épouse soit battue comme dernier recours contre sa « désobéissance ».

En décontextualisant les expressions coraniques et malgré des siècles de jurisprudence islamique, les extrémistes ont altéré la perception générale de la loi islamique familiale. Il n'est donc pas surprenant qu'un nombre croissant de musulmans et de non-musulmans pensent que la loi islamique autorise les hommes à battre leurs femmes.

Les décisions juridiques, pour rester pertinentes face aux expériences humaines, doivent s'adapter à l'évolution des normes dans la société, tout en préservant le cœur des valeurs coraniques, à savoir la justice et la miséricorde. Plutôt que de suivre aveuglément les traces d'interprétations littérales passées, il est temps pour les érudits musulmans de défendre de nouvelles interprétations, basées sur les méthodologies classiques. Il ne s'agit pas ici de proposer une réflexion partant dans tous les sens, mais précisément d'étendre les confins de notre cadre réflexif.

Le Coran et les Hadiths : fontaines d'instruction

Le Coran continue d'exercer une autorité prépondérante dans la vie des musulmans. Il fut révélé au Prophète Mouhammad ﷺ, au cours d'une période de vingt-trois ans, par l'archange Gabriel ; en outre, les musulmans considèrent que le Coran est la parole littérale de Dieu, immuable, et non révisée. Il n'est pas seulement une source d'inspiration mais il est également un livre d'instruction pratique et de lois pour un grand nombre de cas juridiques qui concernent notamment les relations maritales.

En second lieu après le Coran viennent les actions et paroles du Prophète Mouhammad ﷺ tout le long de la révélation. Ces récits sur le Prophète ﷺ, connus sous le terme de hadiths, ont été rapportés par ses compagnons et sa famille. Les hadiths solides forment l'ensemble des textes dont la source et l'authenticité furent rapidement acceptées par les premiers savants de l'Islam. C'est une source, comme l'est le Coran, pour l'établissement de décisions juridiques sur des matières légales. Les hadiths permettent également d'interpréter les versets coraniques ou d'autres aspects desquels pourront procéder certains jugements de loi.

Les décisions légales islamiques portant sur la notion de « violence conjugale » tournent entièrement autour de cet unique verset du Saint-Coran (4:34), présenté ci-dessous et suivit de deux traductions typiques :

الرِّجَالُ قَوَّامُونَ عَلَى النِّسَاءِ بِمَا فَضَّلَ اللَّهُ بَعْضَهُمْ عَلَى بَعْضٍ وَبِمَا أَنْفَقُوا مِنْ أَمْوَالِهِمْ فَالصَّالِحَاتُ قَانِتَاتٌ حَافِظَاتٌ لِلْغَيْبِ بِمَا حَفِظَ اللَّهُ وَاللَّاتِي تَخَافُونَ نُشُوزَهُنَّ فَعِظُوهُنَّ وَاهْجُرُوهُنَّ فِي الْمَضَاجِعِ وَاضْرِبُوهُنَّ فَإِنْ أَطَعْنَكُمْ فَلَا تَبْغُوا عَلَيْهِنَّ سَبِيلًا إِنَّ اللَّهَ كَانَ عَلِيًّا كَبِيرًا

Les hommes sont les protecteurs des femmes et subviennent à leurs besoins, en raison de ce qu'Allah accorde (la force) à ceux-là sur celles-ci, et aussi à cause des dépenses qu'ils font de leurs biens. Ainsi donc, les femmes vertueuses sont obéissantes et protègent (en l'absence de leur époux) ce qui doit être protégé, avec la protection d'Allah. Et quant à celles dont vous craignez la désobéissance et la mauvaise conduite, (d'abord) exhortez-les ; (puis) refusez de partager leur lit; (enfin) frappez-les (légèrement). Mais si elles redeviennent obéissantes, ne leur cherchez plus querelles, car Allah est Très-Haut, et Grand.[1]

(A. Yusuf Ali)

---

[1] Sourate 'n-Nisā' (Les Femmes), 4:34, (tiré et traduit de) A. Yusuf Ali, *The Holy Qur'an : Text, Translation and Commentary*.

Les hommes ont autorité sur les femmes, en raison des faveurs qu'Allah accorde à ceux-là sur celles-ci, et aussi à cause des dépenses qu'ils font de leurs biens. Les femmes vertueuses sont obéissantes (à leurs maris), et protègent ce qui doit être protégé, pendant l'absence de leurs époux, avec la protection d'Allah. Et quant à celles dont vous craignez la désobéissance, exhortez-les, éloignez-vous d'elles dans leurs lits et frappez-les. Si elles arrivent à vous obéir, alors ne cherchez plus de voie contre elles, car Allah est certes, Haut et Grand ! [2]

(Muhammad Marmaduke Pickthall)

> Nous mettons en évidence un autre aspect de notre tradition qui renverrait à la compassion et à la justice dans le monde d'aujourd'hui. Tandis que par le passé, taper sa femme avec une brosse à dents aurait été considéré comme un geste relativement doux dans une société où la violence envers les femmes était acceptée, il n'y a, en réalité, aucune place pour un châtiment corporel de l'épouse, aussi minime que cela puisse paraître.

Dans ce verset, un seul mot provoque l'intense controverse: w'adribouhounna, du verbe arabe « daraba ». Basés sur cet unique terme, nombreux sont les savants contemporains soutenant qu'un homme peut battre sa femme. À titre d'exemple, l'un d'eux, originaire d'Inde, écrit sur le site IslamOnline.net:

Certains savants affirment que le terme, dans ce contexte, ne signifie pas « battre » ou « frapper »; il veut simplement signifier « (les) laisser ». Mais il est évident, et Allah sait mieux, que ce mot signifie ici la « punition ».

Généralement, de tels savants appliquent au verbe « battre » l'adverbe « légèrement » comme nous pouvons le lire dans la traduction de Yusuf Ali, l'objectif étant d'effacer la dureté du châtiment qu'ils perçoivent dans ce verset. Toutefois, même cette traduction induit en erreur car elle renforce une supposition erronée : celle que le Coran énonce une quelconque forme de violence physique à l'encontre de l'épouse.

---

[2] Sourate 'n-Nisā' (Les Femmes), 4:34, (tiré et traduit de) Muhammad Marmaduke Pickthall, *The Meaning of the Glorious Qur'an*.

Notre approche

Un certain nombre d'interprétations alternatives et linguistiquement valides du verset coranique mentionné ci-dessus sont présentées dans notre analyse. De plus, nous ferons appel aux hadiths privilégiant une compréhension des relations conjugales et donc des abus en rapport, coïncidant avec les normes contemporaines. Nous reconnaissons par ailleurs l'existence de certains hadiths qui semblent accepter la définition « frapper » pour le mot « daraba » (ces hadiths cependant rendent compte, dans le même temps, d'un malaise notable quant à ces interprétations puisqu'ils atténuent leurs implications en limitant le châtiment physique à une petite tape symbolique d'un miswāk, une brindille utilisée pour se brosser les dents, ou d'un mouchoir).

Il est important de noter que nous ne rejetons pas ces hadiths et ne les qualifions pas d'erronés, ni ne disons qu'ils ont été faussement attribués. Nous mettons toutefois l'accent sur notre vaste tradition interprétative, laquelle est en accord avec les valeurs de compassion et de justice du monde actuel. Alors que dans le passé, taper légèrement sa femme avec une brosse à dents aurait été considéré comme un geste relativement doux dans un contexte culturel où la violence crue envers les femmes était acceptable, il n'y a en réalité aucune place pour un châtiment corporel de son conjoint, aussi minime que cela puisse paraître. Nous ne rejetons pas ces hadiths qui semblent adopter une autre interprétation mais nous préférons mettre l'accent sur la multitude de hadiths qui associent au mariage les valeurs de compassion, d'amour et de soutien mutuel.

ಸಿ ಣ

Interpréter le Saint-Coran

Une pleine interprétation du sens des versets coraniques « énigmatiques » requiert une grande érudition, et il ne s'agit pas uniquement de rechercher la raison pour laquelle ces versets furent révélés et quels évènements ont pu en découler. Il s'agit aussi de posséder une réelle capacité de compréhension quant à l'intention sous-jacente à la révélation, ainsi qu'une maîtrise de l'arabe classique du Coran, et, bien souvent, une connaissance des nombreux dialectes qui avaient cours dans les différentes régions où il fut révélé (car en fonction de la langue usuelle, le sens d'un mot pouvait différer d'une tribu à une autre).

Il ne faut pas oublier que le Prophète Muhammad ﷺ et ses Compagnons ont souvent attribué à certains versets du Coran un sens assez différent de sa signification apparente dans le texte. Il faut donc être un expert en linguistique pour saisir tous les sens d'un verset, qu'ils soient explicites ou plus subtils.

De plus, le Coran fait fréquemment usage d'allégories, accessibles à tous les lecteurs, qu'ils soient jeunes ou âgés, hommes ou femmes. Le Coran peut ainsi adopter une tournure volontairement générale et faire usage d'un langage allusif plutôt que direct ; c'est notamment le cas pour traiter de sujets nécessitant divers niveaux de compréhension, lesquels correspondent aux conditions de préparation et de réceptivité du lecteur. C'est pour cette unique raison que les savants traditionnels insistent sur la nécessité d'être un érudit dûment expérimenté et documenté si l'on prétend un tant soit peu accéder aux sens profonds et hautement subtils, du Saint-Coran.

Le contexte socio-historique de la révélation

Pour parvenir à une compréhension approfondie du verset en question, nous devons également analyser le contexte de la révélation. Il nous faut examiner le verset et dans son contexte historique, et dans un contexte plus large inhérent au message coranique humaniste. Le Coran fut révélé dans un contexte social où les violences conjugales, le meurtre et même l'infanticide étaient monnaie courante. Dieu a donné au Prophète Muhammad ﷺ la charge d'établir un nouvel état de droit qui transformera ainsi une société clanique en une communauté hautement civilisée et dans laquelle les droits des hommes et des femmes allaient être conjointement respectés et ce, à tous les niveaux de conduite, individuelle et sociétale.

Ce verset spécifique doit être observé en prenant compte du contexte des normes sociales dans l'Arabie préislamique. Le concept du droit des femmes n'existait pas ; aussi, les femmes étaient-elles perçues comme des biens et traitées comme des esclaves. Lorsque l'une d'entre elles était accusée de mauvaise conduite, elle devait souvent subir la brutalité des coups, l'isolement ou la privation de nourriture et parfois même la mort. Les hommes étaient rarement tenus responsables des actes qu'ils commettaient à l'encontre de leurs épouses. Avec la révélation coranique, il fut enseigné aux musulmans l'absence de différence entre un homme et une femme d'un point de vue de la foi : tous deux ont des droits et des obligations identiques et ils bénéficient tous deux d'une même promesse de faveurs égales au paradis. Le Coran a apporté un message réformant, de compassion et d'équité spirituelle au sein d'une société qui n'était pas très au fait de tels principes.

Par ailleurs, la promiscuité sexuelle était également répandue à l'époque ; le Coran a donc cherché à limiter l'expression de la sexualité au cadre du mariage afin de prévenir toutes les épreuves concomitantes à l'adultère telles que les maladies et les grossesses non désirées. Ainsi, dans le verset 4:34, certains experts religieux classiques ont expliqué que l'expression « déloyauté et méconduite, noushoūz », ne faisait pas référence à une simple désobéissance de l'épouse mais plutôt à son infidélité sexuelle. Le Prophète ﷺ a dit:

فخطب الناس وقال ... ولكم عليهن أن لا يوطئن فرشكم أحدا تكرهونه.

Et il est de votre droit de vous assurer qu'elles choisissent leurs amies avec votre approbation, aussi bien que de ne jamais commettre l'adultère.

C'est dans ce contexte que le verset s'applique. Les enseignements du Prophète ﷺ ont toujours respecté la mise en place d'une marche progressive visant à rectifier les mauvais comportements. Lorsqu'Il révéla au Prophète ﷺ les principes et les pratiques de l'Islam, Dieu n'attendait nullement des musulmans qu'ils adoptent instantanément de nouveaux modes comportementaux, l'approche étant toujours constituée de nombreuses étapes.

> Le Coran à déterminé un code de comportement restreignant un certain nombre de pratiques sociétales qui prédominaient à l'époque de la révélation, tout en offrant la possibilité aux savants des temps à venir d'adapter ce code à de nouvelles conditions sociales.

Ainsi, durant les vingt-trois années que dura la révélation du Coran, nous observons un changement graduel dans les relations entre hommes et femmes. Au départ, la question des relations sexuelles n'était pas abordée et personne n'était contraint de délaisser les pratiques sexuelles courantes de l'époque en Arabie préislamique. Cependant, au moment opportun, le Coran se mit à encourager le mariage, proscrivant dans le même temps l'adultère et la fornication ; s'ensuivit une restriction croissante des comportements pouvant inciter à l'inconduite sexuelle. Par conséquent, l'intention du verset en question est de prévenir auprès de la gente féminine certains types de comportement qui détruiraient les fondations du mariage. Il est à noter qu'un verset similaire s'adresse aux hommes dans leurs actes (4:128) :

وَإِنِ امْرَأَةٌ خَافَتْ مِن بَعْلِهَا نُشُوزًا أَوْ إِعْرَاضًا فَلاَ جُنَاحَ عَلَيْهِمَا أَن يُصْلِحَا بَيْنَهُمَا صُلْحًا وَالصُّلْحُ خَيْرٌ

Et si une femme craint de son mari abandon ou indifférence, alors ce n'est pas un péché pour les deux s'ils se réconcilient par un compromis quelconque, et la réconciliation est meilleure.[3]

De même, en analysant l'histoire de la civilisation humaine, nous constatons que dans la plupart des cas les sociétés ont tendance à évoluer avec le temps. La transition européenne, passant du Moyen Âge à la Renaissance, illustre bien cette idée. Prenant en compte cette évolution naturelle dans l'histoire des hommes, le Coran à déterminé un code de conduite qui restreint un certain nombre de pratiques sociétales prédominantes à l'époque de la révélation, tout en offrant la possibilité aux savants des temps à venir d'adapter ce code à leurs nouvelles conditions

---

[3] Souratu 'n-Nisā'(Les Femmes), 4:128.

sociales. Cette méthodologie permet de comprendre et d'apprécier la faculté de la religion à œuvrer au sein de chaque époque et de chaque condition.

Le verset 4:34 et le cadre élargi de l'humanisme coranique

L'Islam a toujours défendu les plus hauts standards de moralité et d'éthique en matière de relations humaines. Afin de mieux comprendre le contexte lié au verset 4:34, nous devons examiner l'importance de la famille dans le Coran, tant dans son rapport à l'individu qu'à la société en général. Notre attention doit également se porter sur ce que dit la Parole de Dieu au sujet des relations entre maris et femmes.

Le Coran protège et soutient résolument les valeurs familiales. Dieu y souligne à plusieurs reprises le caractère primordial de l'unité familiale et du couple lorsqu'Il dit :

وَمِن كُلِّ شَيْءٍ خَلَقْنَا زَوْجَيْنِ لَعَلَّكُمْ تَذَكَّرُونَ

Et de toute chose Nous avons créé [deux éléments] de couple. Peut-être vous rappellerez-vous ?[4]

Le Coran décrit l'humanité comme étant originaire d'une seule âme à partir de laquelle Dieu créa chacun des êtres humains, homme et femme :

خَلَقَكُم مِّن نَّفْسٍ وَاحِدَةٍ ثُمَّ جَعَلَ مِنْهَا زَوْجَهَا

Il vous a créés d'une personne unique et a tiré d'elle son épouse.[5]

يَا أَيُّهَا النَّاسُ اتَّقُوا رَبَّكُمُ الَّذِي خَلَقَكُم مِّن نَّفْسٍ وَاحِدَةٍ وَخَلَقَ مِنْهَا زَوْجَهَا وَبَثَّ مِنْهُمَا رِجَالاً كَثِيرًا وَنِسَاءً وَاتَّقُوا اللَّهَ الَّذِي تَسَاءَلُونَ بِهِ وَالأَرْحَامَ إِنَّ اللَّهَ كَانَ عَلَيْكُمْ رَقِيبًا

Ô hommes ! Craignez votre Seigneur qui vous a créés d'un seul être, et a créé de celui-ci son épouse, et qui de ces deux là a fait répandre (sur la terre) beaucoup d'hommes et de femmes. Craignez de rompre les liens du sang. Certes Allah vous observe parfaitement.[6]

Ainsi, puisque Dieu a créé l'homme et la femme d'une seule et même âme primordiale, le couple marié doit partager les qualités quintessentielles

---

[4] Souratu 'dh-Dhāriyāt (Qui éparpillent), 51:49.
[5] Souratu 'z-Zoumar (Les Groupes), 39:6.
[6] Souratu 'n-Nisā' (Les Femmes), 4:1.

> Dans l'Islam, le mari et la femme ont des droits et des responsabilités égaux. Par conséquent, un juste équilibre doit être établi pour maintenir un foyer paisible et heureux.

de l'humanité : la compassion, la miséricorde, la tendresse, la dignité ainsi que l'honneur telles qu'elles sont décrites dans le verset suivant:

وَمِنْ آيَاتِهِ أَنْ خَلَقَ لَكُم مِّنْ أَنفُسِكُمْ أَزْوَاجًا لِّتَسْكُنُوا إِلَيْهَا وَجَعَلَ بَيْنَكُم مَّوَدَّةً وَرَحْمَةً إِنَّ فِي ذَٰلِكَ لَآيَاتٍ لِّقَوْمٍ يَتَفَكَّرُونَ

Et parmi Ses signes Il a créé de vous, pour vous, des épouses pour que vous viviez en tranquillité avec elles et Il a mis entre vous de l'affection et de la bonté. Il y a en cela des preuves pour des gens qui réfléchissent.[7]

Dans cet extrait, Dieu dépeint le mari et la femme comme « vivant » l'un en l'autre. Le terme arabe utilisé est *taskounoū*. Il est dérivé du mot tranquillité, signifiant par là que le mari est un foyer et un espace de sérénité pour la femme, comme l'est celle-ci pour son époux. Dieu démontre ainsi que femmes et hommes sont égaux en droits et en responsabilités. Autrement dit, un équilibre juste et honnête doit être instauré pour préserver un foyer heureux et serein. On mesurera ainsi tout mariage à la hauteur de l'amour, la compassion et le respect entre les époux.

Le Coran dit également des relations maritales :

هُنَّ لِبَاسٌ لَّكُمْ وَأَنتُمْ لِبَاسٌ لَّهُنَّ

Elles sont un vêtement pour vous et vous êtes un vêtement pour elles.[8]

Un vêtement protège et dissimule les défauts. Il préserve la dignité et embellit celui qui le porte. C'est aussi ce que le mari et la femme font l'un pour l'autre, selon l'idéal coranique des relations conjugales. L'expression symétrique du verset montre également que les droits des femmes sont égaux à ceux des hommes. De cette manière, le Coran établit la structure de la relation matrimoniale en plaçant les individus sur un pied d'égalité. Puisqu'ils partagent une âme originelle, il est évident qu'ils doivent vivre ensemble dans la sérénité, l'amour et la miséricorde. Une lampe ne saurait

---

[7] Sourah Roūm (Les Romains), 30:21.
[8] Souratu 'l-Baqarah (La Vache), 2:187.

donner de lumière sans l'électricité et l'électricité sans la lampe en serait également incapable : de la même manière, une véritable institution familiale n'existe que si l'un complète et complémente l'autre. Les deux moitiés, homme et femme, ont besoin l'une de l'autre d'où la description Divine des époux comme étant, chacun d'eux, un vêtement pour l'autre.

Dans le premier verset du chapitre intitulé « Les femmes », Dieu appelle les musulmans à « révérer les ventres (qui vous ont portés) »[9] — un autre aspect des enseignements de l'Islam quant à la manière dont la femme est traitée. Le Saint Coran interdit les agissements nuisibles envers elle :

وَلَا تُمْسِكُوهُنَّ ضِرَارًا لِتَعْتَدُوا

Ne les retenez pas pour leur faire du tord : vous transgresseriez alors.[10]

وَعَاشِرُوهُنَّ بِالْمَعْرُوفِ

Et comportez-vous convenablement avec elles.[11]

Si nous analysons l'ensemble des ouvrages traitant de ce sujet, nous nous apercevons que même des islamistes radicaux comme Syed Qutb ont écrit :

Passons donc en revue ce que nous avons éclairci plus tôt, pour ce qui concerne l'honneur qu'Allah a accordé à la double dimension (masculine et féminine) chez l'être humain ; en rapport aux droits de la femme qui découlent de ses qualités humaines et au regard de la femme musulmane qui conserve sa personnalité civique ainsi que tous les droits associés... le droit de choisir son partenaire dans la vie, le droit de gérer ses propres affaires ainsi que son propre argent... Il n'est donc aucunement question d'une lutte hommes/femmes.

Les procédés consistant à écraser la tête d'une femme quelque peu déviante ou à enchaîner celle-ci comme on le ferait avec un chien enragé n'ont aucun sens. Tout ceci n'est définitivement pas l'Islam. Il s'agit là de pratiques culturelles qui persistent dans certaines régions et qui sont apparues quand l'être humain s'est retrouvé un jour corrompu, dans tout son être, par le vice et à l'amoralité... (sous le joug de la luxure).[12]

---

[9] Souratu 'n-Nisā' (Les Femmes), 4:34, A. Yusuf Ali, The Holy Qur'an.
[10] Souratu 'l-Baqarah (La Vache), 2:231.
[11] Souratu 'n-Nisā' (Les Femmes), 4:19.
[12] Syed Qutb, *Fī Dhilāl al-Qur'ān* (Dans les ombres du Coran), Volume 2 (Cairo : Dar ash-shurūq, 2005), pp. 650-653.

Tout en examinant plus avant le verset coranique cité par certains commentateurs conservateurs, parmi les plus littéralistes, pour justifier la maltraitance envers les femmes, nous devons garder à l'esprit ce que le Prophète ﷺ a dit sur le dessein de l'Islam:

قال النبي صلى الله عليه وسلم"انما بعثت لأتمم مكارم الأخلا

J'ai été envoyé pour parfaire la noblesse du comportement.[13]

Pour cette raison, Dieu a dit:

وَلَا تَنسَوُا۟ ٱلْفَضْلَ بَيْنَكُمْ

Et n'oubliez pas votre faveur mutuelle.[14]

بِٱلْمَعْرُوفِ عَلَيْهِنَّ ٱلَّذِى مِثْلُ لَهُنَّ و

Elles ont des droits équivalents à leurs obligations, conformément à la bienséance.[15]

وَإِنِ ٱمْرَأَةٌ خَافَتْ مِنۢ بَعْلِهَا نُشُوزًا أَوْ إِعْرَاضًا فَلَا جُنَاحَ عَلَيْهِمَآ أَن يُصْلِحَا بَيْنَهُمَا صُلْحًا وَٱلصُّلْحُ خَيْرٌ

Et si une femme craint de son mari abandon ou indifférence, alors ce n'est pas un péché pour les deux s'ils se réconcilient par un compromis quelconque, et la réconciliation est meilleure.[16]

Notez la référence suivante « ... craint de son mari abandon ou indifférence... ». Dans ce verset Dieu concède à l'épouse de divorcer sans devoir s'expliquer sur les causes de la cruauté qu'elle subie[17]. Dans une structure familiale et communautaire basée sur la dignité humaine, comment peut-on donc accepter de tolérer la colère et la cruauté qu'engendre la violence conjugale ?

---

[13] Imam Bukhārī, *Adab al-mufrad*, no. 372, cité dans *Kanz al-Ummāl*, No. 7125, à partir du site al-Maktabat al-Islamī, extrait du 30 Août 2010 de http://www.al-eman.com/Islamlib/viewchp.asp?BID=137&CID=86.
[14] Souratu 'l-Baqarah (La Vache), 2:237.
[15] Souratu 'l-Baqarah (La Vache), 2:228.
[16] Souratu 'n-Nisā' (Les Femmes), 4:128.
[17] Conformément au « khul », le procédé du divorce, la femme se voit accordée le divorce en acceptant de rendre sa dot, une somme que le mari est obligé d'offrir à son épouse et dont le montant est convenu entre les deux parties.

Une exploration linguistique du mot « Daraba »

Interpréter le Coran par le Coran

Après avoir abordé le contexte socio-historique du verset et l'avoir placé dans le contexte plus large de l'humanisme coranique, nous pouvons à présent entreprendre l'exploration linguistique du terme litigieux *daraba*. Les commentateurs classiques pensent que la compréhension la plus juste de la terminologie coranique n'émane que du Saint-Coran lui-même. Ils rechercheront ainsi le sens d'un mot employé dans un verset par l'étude de son application dans d'autres versets. Dans le Coran, le mot racine *daraba* est utilisé cinquante-huit fois dans diverses formes et chacune d'entre elles a une portée et un contexte qui lui sont propres. Bien qu'il soit spécifiquement traduit par le mot « frapper », il possède de nombreuses autres significations.

À titre d'exemple, le même verbe peut être traduit par : tapoter, mixer, mélanger, séparer, osciller, voler (dans les airs), incliner vers, palpiter, multiplier, jouer de la musique, se déplacer, se promener, migrer, s'installer, demeurer, citer une parole sage — pour ne retenir que les plus courants (voir appendice). En réalité, le mot racine *daraba* possède plus de cinquante dérivés et significations et ce, même dans les dictionnaires de langue arabe les plus sommaires (Hans-Wehr)[18].

Dans de nombreux cas, le verbe *daraba* est modifié par l'ajout d'un autre mot, souvent un nom ou un préposé en lien avec l'objet du verbe. Par exemple, « s'étendre (ou se déplacer) », « prendre une part active (à) », « inspirer la sagesse », « installer une tente », etc. Le mot transformant a donc un impact sur le sens final. Cependant, dans le cas du verset en question, il n' existe aucun mot figurant auprès du mot *daraba* dans le texte arabe d'origine. Ce n'est que dans un seul autre cas que le mot *daraba* est utilisé totalement seul dans le Coran. Dans de telles circonstances exceptionnelles, le terme en question est souvent suggéré, ce qui laisse le champ libre à une multitude d'interprétations tant légitimes d'un point de vue jurisprudentiel que valides linguistiquement.

---

[18] 1909-1981 ; un arabisant de nationalité allemande.

> La compréhension la plus juste de la terminologie coranique n'émane que du Saint-Coran lui-même : en recherchant le sens d'un mot employé dans un verset, par l'étude de son application dans d'autres versets. Le mot racine *daraba* possède plus de cinquante sens et dérivés différents.

Examinons à présent quelques sens possibles du mot *daraba* dans le texte coranique. Les nombreuses manières d'employer le mot *daraba*, au sens plus ou moins subtil (voir appendice), peuvent être interpolées dans le verset 4:34 et chacun de ces termes produira un sens distinct du mot « frapper » ou « battre ».

En fait, l'inférence de termes au sein de ce verset est quasi commune à l'ensemble des savants ; par exemple : « (d'abord) exhortez-les; (puis) refusez de partager leur lit; (enfin) frappez-les (légèrement) ».[19]

Dans ce passage, tous les mots en parenthèses ont été déduits : ils n'existent pas dans le texte en arabe. Cette action met en lumière l'importance et la nécessité pour les érudits de faire preuve de bon sens et de précision linguistique et sémantique à cause de la rhétorique extrêmement concise du Coran. Pour cette raison, le Coran ne doit pas être toujours interprété de façon littérale mais plutôt de façon linguistique, juridique et culturelle. Autrement, le verset se lit : « punissez-les, séparez-vous d'elles dans le lit et frappez les (légèrement) », éliminant par là même les phases rectificatives et les appliquant toutes d'une seule traite. Cette interprétation contredirait d'autant plus la tradition coranique de modération dans toutes situations et ne se trouve par conséquent que rarement soutenu par les érudits religieux.

---

[19] Souratu 'n-Nisā' (Les Femmes), 4:34, A. Yusuf Ali, *The Holy Qur'an*.

Dix acceptions coraniques du terme « *daraba* »

L'utilisation la plus courante de ce mot dans le Saint-Coran n'implique pas le sens de « battre » mais elle est le fait d'expressions verbales constituant diverses significations spécifiques:

1. « Citer en exemple », comme dans وَلَمَّا ضُرِبَ ابْنُ مَرْيَمَ مَثَلًا
   Wa lammā ḍouriba ibnoū maryama mathalan, « Quand on cite l'exemple du fils de Marie... »

2. « Citer en exemple [dans l'intention de formuler une comparaison] », comme dans : إِنَّ اللَّهَ لَا يَسْتَحْيِي أَن يَضْرِبَ مَثَلًا مَّا بَعُوضَةً
   in allāha lā yastaḥīy an yaḍriba mathalan mā baʿūḍatan, « Certes, Allah ne se gêne point de citer en exemple n'importe quoi : un moustique ou quoi que ce soit au-dessus »[20]

   Et, de la même manière, dans diverses formes linguistiques:

3. « Représenter », comme dans : كَذَلِكَ يَضْرِبُ اللَّهُ الْحَقَّ وَالْبَاطِلَ
   kadhālika yaḍribu Allāhou al-ḥaqqa wa al-bāṭila, « Allah représente en parabole la vérité et le faux... »

4. « Citer un exemple de mauvais comportement », comme dans :
   ضَرَبَ اللَّهُ مَثَلًا لِّلَّذِينَ كَفَرُوا امْرَأَةَ نُوحٍ وَامْرَأَةَ لُوطٍ كَانَتَا تَحْتَ عَبْدَيْنِ مِنْ عِبَادِنَا صَالِحَيْنِ فَخَانَتَاهُمَا فَلَمْ يُغْنِيَا عَنْهُمَا مِنَ اللَّهِ شَيْئًا
   daraba Allāhou mathalan lilladhīna kafaroū amrāta noūḥin w'amrāta loūṭin kānata taḥta ʿabdayni min ʿibādina ṣāliḥayni fakhānatāhumā falam yughniyā ʿanhumā min allāhi shay'an, « Allah a cité en parabole, pour ceux qui ont mécru, la femme de Noé et la femme de Lot. Elles étaient sous l'autorité de deux vertueux de Nos serviteurs. Toutes deux les trahirent et ils ne furent d'aucune aide pour [ces deux femmes là] vis-à-vis d'Allah »[21].

Si nous réexaminons le verset en question à la lumière des références ci-dessus, le sens serait plus proche de « séparez-vous d'elles dans le lit, (et) mentionnez-leur un exemple », ou pourrait-on dire « exposez-leur un parallèle entre leur comportement et celui de celles qui subirent un châtiment dans le Coran » (par ex. les femmes de Noah et Lot).

---

[20] Souratu 'l-Baqarah (La Vache), 2:26.
[21] Souratu 't-TaHrīm (L'Interdiction), 66:10.

Il y a dans le Coran d'autres réitérations du terme *daraba* qui n'ont pas le sens de « battre » ni de « frapper »:

5. « Confondre (quelqu'un) ou (s') écraser », comme dans : وَضُرِبَتْ عَلَيْهِمُ الذِّلَّةُ وَالْمَسْكَنَةُ *wa douribat 'alayhim adh-dhillatu wal-maskana*, « L'avilissement et la misère s'abattirent sur eux »[22].

Dans ce cas, le verset se lirait «s éparez-vous d'elles dans le lit, (et) confondez-les avec leurs méfaits », dans le sens de « faites savoir à tous leur mauvaise conduite » ou encore « séparez-vous d'elles dans le lit, (et) mettez-les face à l'affront public », autrement dit « faites savoir qu'elles se conduisent mal afin qu'elles en aient honte, et s'abstiennent de continuer ».

6. « Ouvrir/Tracer un chemin » comme dans فَاضْرِبْ لَهُمْ طَرِيقًا فِي الْبَحْرِ *fadrib lahum tarīqan fi'l-bahri*, « Trace-leur un passage à sec dans la mer ».[23]

Dans ce cas, le verset se lirait « séparez-vous d'elles dans le lit, (et) tracez-leur un chemin », dans le sens de « montrez-leur une voie vers l'autoanalyse et l'autocorrection » ou « offrez-leur une porte de sortie », signifiant que la relation de couple est dans l'impasse.

7. « Se déplacer », comme dans : إِذَا ضَرَبُوا فِي الْأَرْضِ *idhā darabou fi'l-ardi*, « Partis en voyage... »[24]

Dans ce cas, le verset se lirait « séparez-vous d'elles dans le lit, (et) éloignez-vous d'elles ». Cette interprétation a été beaucoup commentée dans la presse après que le Dr. Laleh Bakhtiar l'ait préférée dans sa traduction du Coran.

8. « Exposer (des faits) ou présenter/citer un argument », comme dans : مَا ضَرَبُوهُ لَكَ إِلَّا جَدَلًا *mā daraboūhu laka illa jadalan*, « ce n'est que par polémique qu'ils te le citent comme exemple »[25].

---

[22] Souratu 'l-Baqarah (La Vache), 2:61.
[23] Sourate TaHa, 20:77.
[24] Sourate Ali-'Imran (La Famille d'Imrān), 3:156.
[25] Souratu z-Zukhruf (L'Ornement), 43:58.

Dans ce cas, le verset se lirait «séparez-vous d'elles dans le lit, (et) dépeignez-les », dans le sens de « exposez-leur (à vos femmes) leur propre inconduite ».

9. « Installer (ou monter) », comme dans : فَضُرِبَ بَيْنَهُم بِسُورٍ *faḍouriba baynahum bi-soūrin*, « c'est alors qu'on éleva entre eux une muraille… »[26]

Dans ce cas, le verset se lirait, « séparez-vous d'elles dans le lit, (et) placez une limite (entre vous deux) ».

10. « (se) rabattre (ou se ranger)», comme dans : وَلْيَضْرِبْنَ بِخُمُرِهِنَّ عَلَى جُيُوبِهِنَّ *wal-yaḍribnā bi-khumurihinna 'alā juyoūbihinna*, « et qu'elles rabattent leurs voiles sur leurs poitrines »[27].

Dans ce sens, le verset se lirait, « séparez-vous d'elles dans le lit, (et) par la suite attirez-les amoureusement vers vous », c'est-à-dire qu'après la crispation due à la séparation, la tendresse affective fera renaître la relation de couple.

La comparaison avec ce dernier verset est particulièrement significative car celui-ci s'applique de manière très claire aux femmes. Compte-tenu de l'inexistence d'éventuels débats quant à l'interprétation du mot *daraba* dans ce cas précis, pour quelle raison devrait-il avoir un sens si différent dans le verset qui nous intéresse ?

Autres interprétations

Il existe d'autres sens du mot *daraba* qui ne sont pas usités dans le Saint-Coran. Le dictionnaire arabe-anglais al-Mawrid[28] en propose plus de trente et le Hans-Wehr Arabic-English Dictionary[29] en liste plus de cinquante. Observons donc de quelle façon certaines de ces traductions pourraient s'appliquer au verset en question.

---

[26] Souratu 'l-Hadid (Le Fer), 57:13.
[27] Souratu 'n-Nur (La Lumière), 24:31.
[28] Ruhi al-Ba'albaki, *Al-Mawrid: A Modern Arabic-English Dictionary (15th edition)* (Dar al-Ilm li'l-Malayin, 2001), p. 706.
[29] *Hans-Wehr Arabic-English Dictionary of Modern Written Arabic*, ed. J.M. Cowan (Spoken Language Services, Ithaca, 1976), pp. 538-540.

Une des définitions pertinentes du mot *daraba* est « avoir une relation sexuelle ». Dans d'autres langues notamment, le verbe « frapper » est également utilisé pour signifier l'activité sexuelle. Le Somali qui est une langue dérivée de l'arabe, utilise ce verbe en ce sens. Par ailleurs, même l'ancien verbe germanique *focken* ou « frapper » est devenu un mot vulgaire anglais désignant l'acte sexuel.

Un des premiers grands commentateurs traditionnels du Saint Coran, al-Zamakhshari, a dit:

Il est dit que ce mot (daraba) signifie « engagez-vous dans une relation sexuelle avec elles, puis retenez-les avec détermination…. » et c'est là le sens donné par les plus grands commentateurs (du Saint-Coran)[30].

Dans son commentaire classique du Coran, *al-Moufradāt fi gharīb al-Coran*, Rāghib al-Asfahānī donne le sens de ces termes en se référant particulièrement à ce verset; il note ainsi que la signification métaphorique de *daraba* est de « réaliser l'acte sexuel ». Dans ce cas spécifique le verbe *daraba* apparaît seul comme l'indique Rāghib dans ce passage : وضَرَبَ الفحلُ الناقة *daraba al-faḥl an-nāqah* soit : « L'étalon recouvre la jument »[31], qui apparaît sous la même forme linguistique que le verset en question. Ce point est également repris dans le dictionnaire en langue arabe le plus important, celui d'al-Ifrīqī intitulé *Lisān al-'Arab*[32].

Le grand savant Soufi al-Qoushayrī a commenté ce verset dans son *Latā'if al-ishārāt bi tafsīr al-Qur'ān* :

أي ارتقوا في تهذيبهن بالتدريج والرفق، وإنْ صلَحَ الأمر بالوعظ فلا تستعمل العصا بالضرب، فالآية تتضمن آداب العِشْرة.

« Ce qui est stipulé ici, c'est de les encourager à abonnir progressivement et avec une attitude amène. Mais, si la question est

---

[30] Abu al-Qasim Mahmud ibn 'Umar al-Zamakhsharī, *Al-Kashshaf an Haqa'iq at-Tanzil* (Egypt: Dar al-Kutubal-'Ilmiyyah, 2003) extrait du 30 Août 2010, du site altafsir :
http://www.altafsir.com/Tafasir.asp?tMadhNo=1&tTafsirNo=2&tSoraNo=4&tAyahNo=34&tDisplay=yes&Page=2&Size=1&LanguageId= وقيل: معناه آثروهن على الجماع
: واربطوهن، من هجر البعير إذا شدّه بالهجار. وهذا من تفسير الثقلاء
[31] Raghib al-Asfahani, *al-Mufradat fi gharib al-Qur'an* (Beirut: Dar al-Ma'rifah, 1999), extrait du 30 Août 2010, du site altafsir :
http://www.altafsir.com/MiscellaneousBooks.asp, Section lettre *ḍād*, mot : *ḍarab*.
[32] Ibn Mundhir al-Ifrīqī, *Lisān al-'Arab* (Egypt: al-Maṭba'at al-Kubra al-Mīrīah, 1979), section letter *ḍād*, 33.

réglée par une semonce, l'homme ne devrait pas alors la frapper (avec un bâton ou avec la main) puisque le verset enjoint à la relation sexuelle. »³³

Cette interprétation est parfaitement adaptée au contexte. Dans ce processus, l'étape *daraba* succède à une cessation temporaire des relations entre époux. Notez également qu'ici, parmi les nombreuses définitions de ce mot, le terme « mélanger (ou se mêler à) » est employé en opposition à « séparation » que suggère le verbe *ouhjour* figurant juste avant et voulant dire ici « se séparer d'elles dans le lit », alors que « incliner vers », « se mêler », « se calmer » et « avoir des relations sexuelles » visent à la réconciliation maritale (*tawfiq*) dans la phrase qui suit (*w 'aḍriboūhounna*). Voilà un bon exemple des chemins subtils et complexes où les différents sens s'entrecroisent dans le Saint-Coran ; une réalité qui disparaît bien souvent dans les traductions. Nous savons également, grâce à certains énoncés du Prophète ﷺ que Dieu fait pleuvoir les bénédictions spirituelles sur le couple lorsqu'il s'adonne aux relations sexuelles licites. Dans ce cadre, le verset peut être traduit comme suit :

Et quant aux femmes dont vous craignez la déloyauté et la mauvaise conduite, (d'abord) sermonnez-les ; (puis) écartez-vous d'elles au lit, (et enfin) partagez leur couche (lorsqu'elles sont disposées à l'accepter).

Nous découvrons un autre sens linguistique avec « prendre ses distances », « ignorer », ou « éviter de parler » selon la situation, sans perdre de vue que le couple doit également solliciter un ou plusieurs médiateurs pour les aider à trouver une solution.

Cet aspect coïncide avec le verset suivant qui dit :

وَإِنْ خِفْتُمْ شِقَاقَ بَيْنِهِمَا فَابْعَثُوا حَكَمًا مِّنْ أَهْلِهِ وَحَكَمًا مِّنْ أَهْلِهَا..

*Et si vous craignez le désaccord entre les deux (époux), envoyez alors un arbitre de sa famille à lui, et un arbitre de sa famille à elle.*³⁴

---

³³ Abū 'l-Qāsim ¿Abdu 'l-Karīm al-Qushayrī, *Laṭā'if al-isharat bi tafsīr al-Qur'ān* (Egypt: Dar al-Kutub al-¿Ilmīyyah, 2000), extrait du 30 Août 2010 du site altafsir : http://www.altafsir.com/Tafasir.asp?tMadhNo=0&tTafsirNo=31&tSoraNo=4&tAyahNo=34&tDisplay=yes&UserProfile=0&LanguageId=1.
³⁴ Souratu 'n-Nisā' (Les Femmes), 4:35.

> L'Imam Suyouti assure que la femme ne devrait pas être battue mais que la douceur et de bonnes manières doivent plutôt lui être témoignées ; et si nécessaire, d'autres personnes peuvent intervenir pour rétablir l'entente entre les époux.

Le célèbre commentateur du Coran, Imām as-Suyouti (m. 911, Egypte), dit dans son *Dourar*:

> *Si le conflit se poursuit au sein du couple, celui-ci doit alors rechercher un conseil avisé chez les hommes justes, et son pair chez les femmes, afin qu'ils puissent déterminer lequel de l'époux ou de l'épouse est en tort (et les aider tous deux, le cas échéant, à s'amender)*[35].

Ainsi, plutôt que les coups, c'est surtout la douceur, la bonne conduite, et l'intervention de tiers qui sont plébiscitées.

ఐ ଔ

---

[35] Jalal al-din as-Souyouti, *Al-durar al-manthūr fī tafsīr bi'l ma'thūr*, extrait du 30 Août 2010, du site altafsir :
http://www.altafsir.com/Tafasir.asp?tMadhNo=0&tTafsirNo=26&tSoraNo=4&tAyahNo=35&tDisplay=yes&UserProfile=0&LanguageId=1.

L'exemplarité du Prophète Mouhammad

Au final, puisque nous explorons le verset 4:34, il est impératif de nous arrêter sur le comportement du Prophète Mouhammad ﷺ et de nous en inspirer comme modèle car Dieu a dit :

مَّنْ يُطِعِ الرَّسُولَ فَقَدْ أَطَاعَ اللَّهَ

Quiconque obéit au Messager, obéit certainement à Allah.[36]

Dieu dit également :

قُلْ إِن كُنتُمْ تُحِبُّونَ اللَّهَ فَاتَّبِعُونِي يُحْبِبْكُمُ اللَّهُ وَيَغْفِرْ لَكُمْ ذُنُوبَكُمْ وَاللَّهُ غَفُورٌ رَّحِيمٌ

Dis : « Si vous aimez vraiment Allah, suivez-moi, Allah vous aimera alors et vous pardonnera vos péchés. Allah est Pardonneur et Miséricordieux »[37]

Par conséquent, suivre l'exemple prophétique est une exigence pour tout fidèle musulman. Lorsque nous prenons acte des enseignements du Prophète ﷺ sur l'importance d'être amène envers les femmes — les dits enseignements qui incluent nombre de ses sentences (hadiths) où il interdit précisément la maltraitance envers les femmes — force est de constater que *daraba* ne peut aucunement signifier une quelconque brutalité physique.

La grande considération du Prophète Mouhammad pour les femmes

Il nous a été rapporté que peu après la révélation du verset en question, certains des compagnons du Prophète ﷺ ont pris dans son sens littéral le mot « *w'adriboūhounna* » et frappèrent leurs femmes, ce à quoi le Prophète ﷺ s'opposa en disant :

فقال النبي صلى الله عليه وسلم : "لقد طاف بآل محمد نساءٌ كثيرٌ يشكون أزواجهنَّ، ليس أولئك بخياركم

---

[36] Souratu 'n-Nisā' (Les Femmes), 4:80.
[37] Sourate Āli-'Imrān (La Famille d'Imrān), 3:31.

[...] Plusieurs femmes sont venues près de la famille de Mouhammad en se plaignant de leur mari. Ceux-ci ne sont pas les meilleurs d'entre vous.

Bien au contraire, le Prophète ﷺ à enseigné à ses compagnons :

قال: "أطعموهنَّ مما تأكلون، واكسوهنَّ مما تكتسون، ولا تضربوهن، ولا تُقبِّحُوهُن

Nourrissez-les de ce que vous mangez vous-même, vêtez-les de ce dont vous vous habillez vous-même, et ne les battez pas, et ne les injuriez pas non plus.[38]

قال (النبي)" ألا وَاسْتَوْصُوا بالنساء خيراً فإنهن عَوَانٍ عندكم. .. ألا إنَّ لكم على نسائكم حقاً ولنسائكم عليكم حقاً فأما ..."

Je vous rappelle d'être bon envers vos femmes ! Elles vous sont un soutien dévoué et elles sont aussi vos compagnes... Au demeurant, vous avez des droits sur vos femmes et vos femmes ont des droits sur vous...[39]

Ces enseignements font écho à l'ethos de la foi dans l'Islam ; à ce sujet le Prophète ﷺ a dit :

قالَ رَسُولُ اللَّهِ صلى الله عليه وسلم "لَا ضَرَرَ وَلَا ضِرَارَ

(On ne commet) pas de tord ou de représailles (en religion)[40].

Et dans une autre version, le Messager de Dieu ﷺ a dit :

فَاتَّقُوا اللَّهَ عَزَّ وَجَلَّ فِي النِّسَاءِ فَإِنَّهُنَّ عِنْدَكُمْ عَوَانٍ لَا يَمْلِكْنَ لِأَنْفُسِهِنَّ شَيْئًا وَإِنَّ لَهُنَّ عَلَيْكُمْ وَلَكُمْ عَلَيْهِنَّ حَقًّا ...

Craignez Allah, L'Exalté, dans le respect (envers) vos femmes ! Car, en vérité, elles vous assistent et sont vos partenaires dévouées, elles ne conservent rien pour elles-mêmes, et par ailleurs, elles ont des droits sur vous et vous avez des droits sur elles...

---

[38] Sulaymān ibn Ashʻath Abū Dāwūd as-Sijistānī al-Azdī, *Sunan Abū Dāwūd* (Beirut: Dar al-Fikr), No. 2144.
[39] Imām Tirmidhī, *Sunan at-Tirmidhī* (Beirut: Dar IHyā' al-Turath al-ʻArabī, n.d), No. 1851.
[40] Ibn Mājah al-Qazwīnī, *Sunan Ibn Mājah*, ed. Maḥmūd Fu'ād ʻAbd al-Bāqī (Beirut: Dar al-Fikr, n.d) Kitāb al-Aḥkām, Nos. 2430, 2431; Mālik ibn Anas Abū ʻAbdullāh al-Asbāḥī, *Muwaṭṭa Imām Mālik,* Section d'Offices (Damascus: Dar al-Qalam, 1991).

Enfin, le Prophète ﷺ a dit :

قال رسول الله صلى الله عليه وسلم:- "خيركم خيركم لأهله، وأنا خيركم لأهلي

> Le meilleur d'entre vous est le meilleur envers les siens,
> et je suis le meilleur envers ma famille.⁴¹

Le Prophète Mouhammad ﷺ a explicitement interdit que l'on batte les femmes lorsqu'il a dit :

خرج عبد الرزاق وابن سعد وابن المنذر والحاكم والبيهقي عن إياس بن عبد الله ابن أبي ذناب قال: قال رسول الله صلى الله عليه وسلم: "لا تضربوا إماء الله"

> Ne frappez jamais les servantes de Dieu.⁴²

Le Prophète ﷺ a également dit :

إذا استنشقت فبالغ إلا أن تكون صائما ولا تضرب ظعينتك كما تضرب أمتك

> Ne frappez pas votre noble épouse, comme si elle était une esclave.⁴³

Ainsi que :

وأخرج عبد الرزاق عن عائشة عن النبي صلى الله عليه وسلم قال: أما يستحي أحدكم أن يضرب امرأته كما يضرب العبد، يضربها أول النهار ثمّ يضاجعها آخره

> N'avez-vous pas honte de battre vos femmes comme l'on battrait une esclave ? Vous la battez donc le jour et avez des relations sexuelles avec elle à la nuit tombée ?⁴⁴

---

⁴¹ Muhammad ibn ʿĪsā al-Tirmidhī, *Sunan at-Tirmidhī* (Beirut: Dar IHyā' al-Turāth al-ʿArābī, n.d.), No. 3985.

⁴² Abū Dāwūd as-Sijistānī, *Sunan Abū Dāwūd*, No. 2144.

⁴³ al-Nisābūrī, *Al-Mustadrak ¿alā as-saHīHayn*, Vol. 1 (Beirut: Dar al-maʿrifah, 1998), No. 524.

⁴⁴ ʿAbd ar-Razzāq as-Sanʿānī, *Mūsānnaf ʿAbd ar-Razzāq*, Vol. 9 (Beirut: Al-Maktab al-Islāmī, 1982-3), p. 442.

Plus généralement, le Prophète ﷺ a également dit:

أخبرنا أبو نصر بن قتادة أنا أبو علي الرفاء القروي أنا علي بن عبد العزيز ثنا أبو غسان مالك بن إسماعيل ثنا اسرائيل عن الأعمش عن شقيق عن عبد الله قال قال رسول الله صلى الله عليه وسلم اجيبوا الداعي ولا تردوا الهدية ولا تضربوا الناس أو المسلمين

Répondez lorsqu'on vous appelle, ne refusez point un cadeau et ne battez pas les gens, musulmans ou non.[45]

> Les enseignements du Prophète Mouhammad ﷺ sur la douceur envers les femmes ainsi que les nombreux hadīths où il interdit la violence envers elles démontrent que *daraba* ne peut aucunement signifier « (se) battre violemment à dessein».

Les aḥadīth suivants ont également été rapportés :

وعن أبي أمامة أن رسول الله صلى الله عليه وسلم وهب لعلي غلاما فقال لا تضربه فإني نهيت عن ضرب أهل الصلاة وقد رأيته يصلي

Le Prophète ﷺ envoya à 'Alī un serviteur, et lui dit «Ne le bats point, car en réalité il m'a été défendu de frapper ceux qui prient, et je l'ai vu prier».[46]

وفي المجتبى للدارقطني أن عمر بن الخطاب رضي الله عنه قال نهانا رسول الله صلى الله عليه وسلم عن ضرب المصلين .

'Umar ibn al-Khaṭṭāb rapporta «Le Messager d'Allah ﷺ nous a défendu de frapper tout musulman qui observe ses prières».[47]

---

[45] Ahmad ibn al-Husayn ¿Ali ibn Mūsā Abū Bakr al-Bayhaqī, *Shu¿ab al-Imān* (Beirut: Dar al-Kutub al-¿Ilmīyyah, 1996), No. 5359 et un narration similaire en Ahmad ibn Hanbal, *Al-Musnad* (20 vols.), ed. Ahmad Shākir and Hamza Ahmad al-Zayn (Cairo: Dar al-Hadīth, 1995), No. 3838 sans référence à « les gens ».
[46] Ahmad ibn Hanbal, *Al-Musnad* (20 vols.), ed. Ahmad Shākir et Hamza Ahmad al-Zayn (Cairo: Dar al-Hadīth, 1995), No. 22208.
[47] 'Alī b. 'Umar al-Daraqutnī, *al-Sunan* (4 vols.), ed. Shams al-Haqq 'Azīmabādī (Cairo n.d.), No. 1778.

Enfin, ʿĀ'ishā, l'épouse du Prophète Mouhammad ﷺ a dit:

ما ضرب رسول الله صلى الله عليه وسلم امرأة له ولا خادما قط

Le Prophète ﷺ n'a jamais frappé aucune de ses épouses, ni aucun de ses serviteurs.[48]

De telles déclarations, si évidentes, émanant du Prophète ﷺ sont de fait des interdits pour tout musulman puisque chacun d'entre les croyants doit s'efforcer de suivre son exemple. Le Messager de ﷺ n'a jamais permis que quiconque au sein de sa communauté, lui inclus, lève la main contre un membre de sa propre famille. Au regard de cet état de fait, il n'y a point d'excuse chez ceux-là même qui maltraitent leurs femmes et qui ensuite cherchent à justifier des actes odieux par la religion. De fait, les lois qui ne parviennent pas à empêcher de tels comportements doivent être réformées.

---

[48] Muhammad Nāṣir al-dīn al-Albānī, *Ghāyat al-Marām fī takhrīj aHadīth al-Halāl wa'l-Harām*, 3rd Edition (Beirut: Maktab al-Islami, 1984/1985), No. 252.

Conclusion

Dans une époque où les grandes tensions politiques et communautaires sont encore d'actualité, il est impératif que de telles questions éthiques ne soient pas une source de friction entre les communautés. Il est urgent donc que chacune des communautés constituant notre société globalisée cherche à comprendre l'autre, non par le biais d'intellectuels religieux extrémistes, mais par celui de la connaissance, la compréhension et la sagesse des érudits ouverts d'esprit qui ont une attitude, non pas de fanatisme, mais bel et bien de conciliation.

L'Islam est une religion révélée pour tous les temps et toutes les situations. Il est de la responsabilité de nos savants d'user de leurs savoirs, de leurs expériences et de leur crédibilité au sein de la communauté afin d'interpréter la foi dans la défense de la justice, de l'équité et de la miséricorde, tel que Dieu et le Prophète Mouhammad ﷺ l'ont désiré. C'est sur cette vision et sa raison d'être que nous gardons à l'esprit, que nous déclarons sans équivoque qu'il n'existe aucun terreau dans la religion de l'Islam soutenant la maltraitance physique conjugale — ou toute autre forme d'abus entre époux.

Par conséquent, il revient aujourd'hui aux dirigeants, en vertu de leurs devoirs, d'éduquer leurs propres communautés.

Appendice:
versets où le verbe « *daraba* » est utilisé

أَلَمْ تَرَ كَيْفَ <u>ضَرَبَ</u> اللهُ <u>مَثَلاً</u> كَلِمَةً طَيِّبَةً كَشَجَرَةٍ طَيِّبَةٍ

*N'as-tu pas vu comment Allah <u>propose en parabole</u>
une bonne parole pareille à un bel arbre... ? (14:24)*

<u>ضَرَبَ</u> اللهُ <u>مَثَلاً</u> عَبْدًا مَّمْلُوكًا لاَ يَقْدِرُ عَلَى
شَيْءٍ وَمَن رَّزَقْنَاهُ مِنَّا رِزْقًا حَسَنًا

*Allah <u>propose en parabole</u> un esclave appartenant (à son maître),
dépourvu de tout pouvoir, et un homme à qui Nous avons accordé de Notre
part une bonne attribution. (16:75)*

وَ<u>ضَرَبَ</u> اللهُ <u>مَثَلاً</u> رَّجُلَيْنِ

Et <u>Allah propose en parabole</u> deux hommes... (16:76)

وَ<u>ضَرَبَ</u> اللهُ <u>مَثَلاً</u> قَرْيَةً كَانَتْ آمِنَةً مُّطْمَئِنَّةً يَأْتِيهَا رِزْقُهَا
رَغَدًا مِّن كُلِّ مَكَانٍ

*Et <u>Allah propose en parabole</u> une ville : elle était en sécurité, tranquille, sa part
de nourriture lui venait de partout en abondance. (16:112)*

<u>ضَرَبَ</u> لَكُم <u>مَّثَلاً</u> مِنْ أَنفُسِكُمْ

Il vous a cité une parabole de vous-mêmes... (30:28)

وَ<u>ضَرَبَ</u> لَنَا <u>مَثَلاً</u> وَنَسِيَ خَلْقَهُ

<u>Il cite pour Nous un exemple</u> tandis qu'il oublie sa propre création... (36:788)

ضَرَبَ اللَّهُ مَثَلًا رَجُلًا فِيهِ شُرَكَاءُ مُتَشَاكِسُونَ وَرَجُلًا سَلَمًا لِرَجُلٍ هَلْ يَسْتَوِيَانِ مَثَلًا

<u>Allah a cité comme parabole</u> un homme appartenant à des associés se querellant à son sujet, et un (autre) homme appartenant à un seul homme : sont-ils égaux en exemple ? (39:29)

وَإِذَا بُشِّرَ أَحَدُهُم بِمَا <u>ضَرَبَ لِلرَّحْمَٰنِ مَثَلًا</u> ظَلَّ وَجْهُهُ مُسْوَدًّا وَهُوَ كَظِيمٌ

Or, quand on annonce l'un d'eux (la naissance) d'une semblable <u>de ce qu'il attribue au Tout Miséricordieux</u>, son visage s'assombrit d'un chagrin profond. (43:17)

ضَرَبَ اللَّهُ مَثَلًا لِلَّذِينَ كَفَرُوا امْرَأَةَ نُوحٍ وَامْرَأَةَ لُوطٍ كَانَتَا تَحْتَ عَبْدَيْنِ مِنْ عِبَادِنَا صَالِحَيْنِ

<u>Allah a cité en parabole</u> pour ceux qui ont mécru, la femme de Noé et la femme de Lot. Elles étaient sous l'autorité de deux vertueux de Nos serviteurs. (66:10)

وَضَرَبَ اللَّهُ مَثَلًا لِلَّذِينَ آمَنُوا امْرَأَةَ فِرْعَوْنَ

<u>Et Allah a cité en parabole</u> pour ceux qui croient, la femme de Pharaon… (66:11)

يَا أَيُّهَا الَّذِينَ آمَنُوا إِذَا <u>ضَرَبْتُمْ فِي سَبِيلِ اللَّهِ</u> فَتَبَيَّنُوا

Ô les croyants! Lorsque vous sortez pour lutter dans le sentier d'Allah, voyez bien clair… (4:94)

وَإِذَا <u>ضَرَبْتُمْ فِي الْأَرْضِ</u> فَلَيْسَ عَلَيْكُمْ جُنَاحٌ أَن تَقْصُرُوا مِنَ الصَّلَاةِ

<u>Et quand vous parcourez la terre</u>, ce n'est pas un péché pour vous de raccourcir la Salat… (4:101)

إِنْ أَنتُمْ ضَرَبْتُمْ فِي الأَرْضِ فَأَصَابَتْكُم مُّصِيبَةُ الْمَوْتِ

Si vous êtes en voyage dans le monde, et que la mort vous frappe. (5:106)

وَضَرَبْنَا لَكُمُ الأَمْثَالَ

<u>*Et Nous avons cité les exemples.*</u> (14:45)

فَضَرَبْنَا عَلَى آذَانِهِمْ فِي الْكَهْفِ سِنِينَ عَدَدًا

<u>*Alors, Nous avons assourdi leurs oreilles,*</u>
dans la caverne pendant de nombreuses années. (18:11)

وَكُلًّا ضَرَبْنَا لَهُ الْأَمْثَالَ

A tous, cependant, Nous avions fait des paraboles. (25:39)

وَلَقَدْ ضَرَبْنَا لِلنَّاسِ فِي هَذَا الْقُرْآنِ مِن كُلِّ مَثَلٍ

Et dans ce Coran, <u>Nous avions certes cité</u>,
pour les gens, des exemples de toutes sortes. (30:58)

وَلَقَدْ ضَرَبْنَا لِلنَّاسِ فِي هَذَا الْقُرْآنِ مِن كُلِّ مَثَلٍ لَعَلَّهُمْ يَتَذَكَّرُونَ

Nous avons, dans ce Coran, <u>cité pour les gens des exemples</u> de toutes sortes
afin qu'ils se souviennent. (39:27)

وَقَالُوا لِإِخْوَانِهِمْ إِذَا <u>ضَرَبُوا فِي الأَرْضِ</u>
أَوْ كَانُوا غُزًّى لَوْ كَانُوا عِندَنَا مَا مَاتُوا وَمَا قُتِلُوا

Ô les croyants! Ne soyez pas comme ces mécréants qui dirent à propos
de leurs frères <u>partis en voyage</u> ou pour combattre : « S'ils étaient chez nous, ils
ne seraient pas morts, et ils n'auraient pas été tués ». (3:156)

انظُرْ كَيْفَ ضَرَبُوا لَكَ الْأَمْثَالَ فَضَلُّوا فَلَا يَسْتَطِيعُونَ سَبِيلًا

Voilà ce à quoi ils te comparent ! Ils s'égarent donc et sont
incapables de trouver un chemin (vers la vérité). (17:48)

انظُرْ كَيْفَ ضَرَبُوا لَكَ الْأَمْثَالَ فَضَلُّوا فَلَا يَسْتَطِيعُونَ سَبِيلًا

Vois à quoi ils te comparent ! Ils se sont égarés. Ils ne pourront
trouver aucun chemin. (25:9)

وَقَالُوا أَآلِهَتُنَا خَيْرٌ أَمْ هُوَ مَا ضَرَبُوهُ لَكَ إِلَّا جَدَلًا بَلْ هُمْ قَوْمٌ خَصِمُونَ

En disant : « Nos dieux sont-ils meilleurs, ou bien lui ? »
Ce n'est que par polémique qu'*ils te le citent comme exemple*.
Ce sont plutôt des gens chicaniers. (43:58)

فَلَا تَضْرِبُوا لِلَّهِ الْأَمْثَالَ إِنَّ اللَّهَ يَعْلَمُ وَأَنتُمْ لَا تَعْلَمُونَ

N'attribuez donc pas à Allah des semblables, car Allah sait,
tandis que vous ne savez pas. (16:74)

أَفَنَضْرِبُ عَنكُمُ الذِّكْرَ صَفْحًا أَن كُنتُمْ قَوْمًا مُّسْرِفِينَ

Allons-Nous vous dispenser du Rappel (le Coran)
pour la raison que vous êtes des gens outranciers ? (43:5)

وَتِلْكَ الْأَمْثَالُ نَضْرِبُهَا لِلنَّاسِ وَمَا يَعْقِلُهَا إِلَّا الْعَالِمُونَ

Telles sont les paraboles que Nous citons aux gens;
cependant, seuls les savants comprennent. (29:43)

وَتِلْكَ الْأَمْثَالُ نَضْرِبُهَا لِلنَّاسِ لَعَلَّهُمْ يَتَفَكَّرُونَ

Et ces paraboles Nous les citons aux gens
afin qu'ils réfléchissent. (59:21)

إنَّ اللَّهَ لَا يَسْتَحْيِي أَن يَضْرِبَ مَثَلًا مَّا بَعُوضَةً فَمَا فَوْقَهَا

<u>Allah ne se gêne point de citer en exemple</u> n'importe quoi :
un moustique ou quoi que ce soit au-dessus.(2:26)

كَذَلِكَ يَضْرِبُ اللَّهُ الْحَقَّ وَالْبَاطِلَ

Ainsi <u>Allah représente en parabole</u> la vérité et le Faux. (13:17)

كَذَلِكَ يَضْرِبُ اللَّهُ الْأَمْثَالَ

<u>Allah propose des paraboles.</u> (13:17)

وَيَضْرِبُ اللَّهُ الْأَمْثَالَ لِلنَّاسِ لَعَلَّهُمْ يَتَذَكَّرُونَ

<u>Allah propose des paraboles</u> à l'intention
des gens afin qu'ils s'exhortent. (14:25)

وَيَضْرِبُ اللَّهُ الْأَمْثَالَ لِلنَّاسِ

<u>Allah propose aux hommes des paraboles.</u> (24:35)

كَذَلِكَ يَضْرِبُ اللَّهُ لِلنَّاسِ أَمْثَالَهُمْ

<u>C'est ainsi qu'Allah propose leurs exemples aux gens.</u> (47:3)

وَلْيَضْرِبْنَ بِخُمُرِهِنَّ عَلَى جُيُوبِهِنَّ

<u>Et qu'elles rabattent leurs voiles</u> sur leurs poitrines. (24:31)

وَلَا يَضْرِبْنَ بِأَرْجُلِهِنَّ لِيُعْلَمَ مَا يُخْفِينَ مِن زِينَتِهِنَّ

<u>Et qu'elles ne frappent pas avec leurs pieds</u> de façon que l'on
sache ce qu'elles cachent de leurs parures. (24:31)

الْمَلَآئِكَةُ يَضْرِبُونَ وُجُوهَهُمْ وَأَدْبَارَهُم

(Si tu voyais) lorsque les Anges arrachaient les âmes aux mécréants ! (8:50)

فَكَيْفَ إِذَا تَوَفَّتْهُمُ الْمَلَائِكَةُ يَضْرِبُونَ وُجُوهَهُمْ وَأَدْبَارَهُمْ

*Qu'adviendra-t-il d'eux quand les Anges les achèveron,
frappant leurs faces et leurs dos ? (47:27)*

عَلِمَ أَن سَيَكُونُ مِنكُم مَّرْضَى وَآخَرُونَ يَضْرِبُونَ فِي الْأَرْضِ

*Il sait qu'il y aura parmi vous des maladies
et d'autres qui voyageront sur la terre. (73:20)*

وَإِذِ اسْتَسْقَى مُوسَى لِقَوْمِهِ فَقُلْنَا اضْرِب بِّعَصَاكَ الْحَجَرَ
فَانفَجَرَتْ مِنْهُ اثْنَتَا عَشْرَةَ عَيْنًا

*Et (rappelez-vous) quand Moïse demanda de l'eau pour désaltérer son people,
c'est alors que Nous dîmes « <u>Frappe le rocher</u> avec ton bâton »
Et tout d'un coup, douze sources en jaillirent.... (2:60)*

وَأَوْحَيْنَا إِلَى مُوسَى إِذِ اسْتَسْقَاهُ قَوْمُهُ أَنِ اضْرِب بِّعَصَاكَ الْحَجَرَ
فَانبَجَسَتْ مِنْهُ اثْنَتَا عَشْرَةَ عَيْنًا

*Et Nous révélâmes à Moïse, lorsque son peuple lui demanda de l'eau
« <u>Frappe le rocher</u> avec ton bâton ». Et voilà qu'en jaillirent douze sources. (7:160)*

وَاضْرِبْ لَهُم مَّثَلًا رَّجُلَيْنِ

<u>Donne-leur l'exemple</u> de deux hommes... (18:32)

وَاضْرِبْ لَهُم مَّثَلَ الْحَيَاةِ الدُّنْيَا كَمَاءٍ أَنزَلْنَاهُ مِنَ السَّمَاءِ

<u>Et propose-leur l'exemple de la vie ici-bas</u> Elle est semblable à une eau que nous faisons descendre du ciel. (18:45)

وَلَقَدْ أَوْحَيْنَا إِلَى مُوسَى أَنْ أَسْرِ بِعِبَادِي فَاضْرِبْ لَهُمْ طَرِيقًا فِي الْبَحْرِ يَبَسًا

Nous révélâmes à Moïse : « Pars la nuit, à la tête de Mes serviteurs, <u>puis, trace-leur un passage à sec dans la mer…</u> » (20:77)

فَأَوْحَيْنَا إِلَى مُوسَى أَنِ اضْرِب بِّعَصَاكَ الْبَحْرَ فَانفَلَقَ فَكَانَ كُلُّ فِرْقٍ كَالطَّوْدِ الْعَظِيمِ

Alors Nous révélâmes à Moïse : « <u>Frappe la mer de ton bâton</u> ». Elle se fendit alors, et chaque versant fut comme une énorme montagne. (26:63)

وَاضْرِبْ لَهُم مَّثَلًا أَصْحَابَ الْقَرْيَةِ

<u>Donne-leur comme exemple</u> les habitants de la cité.. (36:13)

وَخُذْ بِيَدِكَ ضِغْثًا فَاضْرِب بِّهِ وَلَا تَحْنَثْ إِنَّا وَجَدْنَاهُ صَابِرًا نِعْمَ الْعَبْدُ إِنَّهُ أَوَّابٌ

« Et prends dans ta main un faisceau de brindilles, <u>puis frappe avec cela</u>. Et ne viole pas ton serment ». Oui, Nous l'avons trouvé vraiment endurant. Quel bon serviteur ! Sans cesse il se repentait. (38:44)

فَاضْرِبُوا فَوْقَ الْأَعْنَاقِ وَاضْرِبُوا مِنْهُمْ كُلَّ بَنَانٍ

<u>Frappez donc au-dessus des cous et frappez-les sur les bouts des doigts !</u> (8:12)

فَقُلْنَا اضْرِبُوهُ بِبَعْضِهَا كَذَلِكَ يُحْيِي اللَّهُ الْمَوْتَى وَيُرِيكُمْ آيَاتِهِ لَعَلَّكُمْ تَعْقِلُونَ

Nous dîmes donc : « <u>Frappez le tué avec une partie de la vache</u> ». Ainsi Allah ressuscite les morts et montre les signes (de Sa puissance) afin que vous raisonniez. (2:73)

وَاضْرِبُوهُنَّ فَإِنْ أَطَعْنَكُمْ فلا تَبْغُواْ عَلَيْهِنَّ سَبِيلاً

(enfin) <u>frappez-les (légèrement)</u>. Mais si elles redeviennent obéissantes,
ne leur cherchez plus querelles... (4:34)

يَا أَيُّهَا النَّاسُ ضُرِبَ مَثَلٌ فَاسْتَمِعُواْ لَهُ

Hommes ! <u>Une parabole vous est proposée</u>, écoutez-la... (22:73)

وَلَمَّا ضُرِبَ ابْنُ مَرْيَمَ مَثَلًا إِذَا قَوْمُكَ مِنْهُ يَصِدُّونَ

Quand on <u>cite l'exemple</u> du fils de Marie, ton people s'en détourne. (43:57)

فَضُرِبَ بَيْنَهُم بِسُورٍ لَّهُ بَابٌ

C'est alors qu'on éleva entre eux une muraille ayant une porte. (57:13)

وَضُرِبَتْ عَلَيْهِمُ الذِّلَّةُ وَالْمَسْكَنَةُ وَبَآؤُواْ بِغَضَبٍ مِّنَ اللَّهِ

L'avilissement et la misère s'abattirent sur eux
ils encourent la colère d'Allah. (2:61)

ضُرِبَتْ عَلَيْهِمُ الذِّلَّةُ أَيْنَ مَا ثُقِفُواْ

Où qu'ils se trouvent, <u>ils sont frappés d'avilissement</u>. (3:112)

وَضُرِبَتْ عَلَيْهِمُ الْمَسْكَنَةُ

Où qu'ils se trouvent, <u>ils sont frappés d'avilissement</u>. (3:112)

فَضَرْبَ الرِّقَابِ حَتَّى إِذَا أَثْخَنتُمُوهُمْ فَشُدُّوا الْوَثَاقَ

<u>Frappez-en les cous</u>. Puis, quand vous les aves dominés,
enchaînez-les solidement. (47:4)

لِلْفُقَرَاء الَّذِينَ أُحصِرُوا فِي سَبِيلِ اللهِ لَا يَسْتَطِيعُونَ ضَرْبًا فِي الأرْضِ

*Aux nécessiteux qui se sont confiés dans le sentier d'Allah,
ne pouvant pas parcourir le monde.* (2:273)

فَرَاغَ عَلَيْهِمْ ضَرْبًا بِالْيَمِينِ

Puis il se mit furtivement à les frapper de sa main droite. (37:93)

Glossaire des termes islamiques

Adhān : appel à la prière
Alḥamdūlillāh : louange à Dieu
Allāhu Akbar : Dieu est Grand
āyah/āyāt (pl. *Ayāt*): un verset du Saint-Coran
Banī Adam : les enfants d'Adam ; l'Humanité.
Bismillāhi 'r-Raḥmāni 'r-Raḥīm : Au Nom du Tout-Miséricordieux, du Très Miséricordieux. Introduit les versets des chapitres du Coran
Du'ā : supplication
Dunyā : monde ; la vie ici-bas
Fard: actes d'adoration obligatoires
Fātiḥah: Soūratoul-Fātiḥah Soūratou'l-Fātihah : le chapitre d'ouverture du Coran
ḥadīth Nabawī (pl., *aḥadīth*): hadiths prophétiques dont le sens et l'expression usitée proviennent du Prophète Mouhammad
Hajj : le pèlerinage sacré dans l'Islam, obligatoire, au moins une fois, dans la vie de tout musulman adulte
Halāl : ce qui est permis/légal selon la charī'ah islamique
Harām : ce qui est interdit/illégal
Ḥawā : Eve
Imān : foi, croyance
Imām : chef de file de la prière congrégationnelle ; un éminent savant suivi par une large communauté
Jama'ah : groupe, congrégation
Jannah : paradis
Jibrīl : Gabriel, archange de la révélation
Mahr : dot, remise par le jeune marié à sa future épouse
Māshā'Allāh : par la volonté d'Allāh.
Mu'min : un croyant
Nabī : un prophète de Dieu
Nāfs : bas instincts, l'ego
Nūr : lumière
Raḥmā : miséricorde
Ramaḍān : le neuvième mois du calendrier islamique ; mois de jeûne
Ṣadaqah : aumône libre
Ṣaḥīḥ : authentique ; terme la validité d'un *hadith* du Prophète
Ṣalāt : prière rituelle, l'un des cinq piliers de l'Islam. ; se dit également pour invoquer des bénédictions sur le Prophète.
Salām : paix
Salām : « Celui qui apporte la Paix », un nom divin. As-salāmou 'alaykoum : « Que la Paix soit sur vous », (salutation islamique)
subḥānAllāh : gloire à Dieu
Sūnnah : actes et paroles du Prophète Mouhammad ; ce qu'il a fait, ce qu'il a dit, ce qu'il a recommandé ou approuvé chez ses compagnons.
Sourate : un chapitre du Coran
Sūrah : image
Tafsīr : expliquer, exposer, analyser, ou interpréter ; terme technique pour commentaire ou exégèse du Saint-Coran
'ulamā (sing. *'ālim*) : savants, érudits
Oummāh : communauté de foi, nation.

www.ingramcontent.com/pod-product-compliance
Lightning Source LLC
Chambersburg PA
CBHW060507080526
44584CB00015B/1581